AUGEN-BLICKE IN GOETHES GARTEN

THORBECKE

Inhalt

Als Allerschönste bist du anerkannt …

Als Allerschönste bist du anerkannt,
Bist Königin des Blumenreichs genannt;
Unwidersprechlich allgemeines Zeugnis,
Streitsucht verbannend, wundersam Ereignis!
Du bist es also, bist kein bloßer Schein,
In dir trifft Schaun und Glauben überein;
Doch Forschung strebt und ringt, ermüdend nie,
Nach dem Gesetz, dem Grund, *Warum* und *Wie*.

Im Gegenwärtigen Vergangnes

Ros' und Lilie morgentaulich
Blüht im Garten meiner Nähe;
Hinten an, bebuscht und traulich,
Steigt der Felsen in die Höhe;
Und mit hohem Wald umzogen
Und mit Ritterschloss gekrönet,
Lenkt sich hin des Gipfels Bogen,
Bis er sich dem Tal versöhnet.

Und da duftet's wie vor alters,
Da wir noch von Liebe litten
Und die Saiten meines Psalters
Mit dem Morgenstrahl sich stritten;
Wo das Jagdlied aus den Büschen
Fülle runden Tons enthauchte,
Anzufeuern, zu erfrischen,
Wie's der Busen wollt und brauchte.

Nun die Wälder ewig sprossen,
So ermutigt euch mit diesen,
Was ihr sonst für euch genossen.
Lässt in andern sich genießen.
Niemand wird uns dann beschreien,
Dass wir's uns alleine gönnen;
Nun in allen Lebensreihen
Müsset ihr genießen können.

Ginkgo Biloba

Dieses Baums Blatt, der von Osten
Meinem Garten anvertraut,
Gibt geheimen Sinn zu kosten,
Wie's den Wissenden erbaut.

Ist es *ein* lebendig Wesen,
Das sich in sich selbst getrennt?
Sind es zwei, die sich erlesen,
Dass man sie als eines kennt?

Solche Frage zu erwidern,
Fand ich wohl den rechten Sinn;
Fühlst du nicht an meinen Liedern,
Dass ich eins und doppelt bin?

Frühzeitiger Frühling

Tage der Wonne,
Kommt ihr so bald?
Schenkt mir die Sonne,
Hügel und Wald?

Reichlicher fließen
Bächlein zumal.
Sind es die Wiesen?
Ist es das Tal?

Blauliche Frische!
Himmel und Höh!
Goldene Fische
Wimmeln im See.

Buntes Gefieder
Rauschet im Hain;
Himmlische Lieder
Schallen darein.

Unter des Grünen
Blühender Kraft
Naschen die Bienen
Summend am Saft.

Leise Bewegung
Bebt in der Luft,
Reizende Regung,
Schläfernder Duft.

Mächtiger rühret
Bald sich ein Hauch,
Doch er verlieret
Gleich sich im Strauch.

Aber zum Busen
Kehrt er zurück.
Helfet, ihr Musen,
Tragen das Glück!

Saget, seit gestern
Wie mir geschah?
Liebliche Schwestern,
Liebchen ist da!

Blumengruß

Der Strauß, den ich gepflücket,
Grüße dich vieltausendmal!
Ich habe mich oft gebücket,
Ach, wohl eintausendmal,
Und ihn ans Herz gedrücket
Wie hunderttausendmal!

Mailied

Wie herrlich leuchtet
Mir die Natur!
Wie glänzt die Sonne!
Wie lacht die Flur!

Es dringen Blüten
Aus jedem Zweig
Und tausend Stimmen
Aus dem Gesträuch.

Und Freud und Wonne
Aus jeder Brust.
O Erd, o Sonne!
O Glück, o Lust!

O Lieb, o Liebe!
So golden schön,
Wie Morgenwolken
Auf jenen Höhn!

Du segnest herrlich
Das frische Feld,
Im Blütendampfe
Die volle Welt.

O Mädchen, Mädchen,
Wie lieb ich dich!
Wie blickt dein Auge!
Wie liebst du mich!

So liebt die Lerche
Gesang und Luft,
Und Morgenblumen
Den Himmelsduft,

Wie ich dich liebe
Mit warmem Blut,
Die du mir Jugend
Und Freud und Mut

Zu neuen Liedern
Und Tänzen gibst.
Sei ewig glücklich,
Wie du mich liebst!

Über den Gärtner

So wenig der Gärtner sich durch andere Liebhabereien und Neigungen zerstreuen darf, so wenig darf der ruhige Gang unterbrochen werden, den die Pflanze zur dauernden oder zur vorübergehenden Vollendung nimmt. Die Pflanze gleicht den eigensinnigen Menschen, von denen man alles erhalten kann, wenn man sie nach ihrer Art behandelt. Ein ruhiger Blick, eine stille Konsequenz, in jeder Jahrszeit, in jeder Stunde das ganz Gehörige zu tun, wird vielleicht von niemand mehr als vom Gärtner verlangt.

Immer war mir ...

Immer war mir das Feld und der Wald
und der Fels und die Gärten
Nur ein Raum, und du machst sie,
Geliebte, zum Ort.

a
b
b
c

Seh ich Rosen, seh ich Lilien

Seh ich Rosen, seh ich Lilien,
Aller Gärten Zier und Ehre,
So Zypressen, Myrten, Veilchen,
Aufgeregt zum Schmuck der Erde;
Und geschmückt ist sie ein Wunder,
Mit Erstaunen uns umfangend,
Uns erquickend, heilend, segnend,
Dass wir uns gesundet fühlen,
Wieder gern erkranken möchten. [...]

Frühling

[...] Reich ist an Blumen die Flur;
doch einige sind nur dem Auge,
Andre dem Herzen nur schön;
wähle dir, Leser, nun selbst!

Rosenknospe, du bist dem
blühenden Mädchen gewidmet,
Die als die Herrlichste sich,
als die Bescheidenste zeigt.

Viele der Veilchen zusammengeknüpft,
das Sträußchen erscheinet
Erst als Blume; du bist, häusliches
Mädchen, gemeint.

Eine kannt ich, sie war wie die
Lilie schlank, und ihr Stolz war
Unschuld; herrlicher hat Salomo
keine gesehn.

Schön erhebt sich der Aglei und
senkt das Köpfchen herunter.
Ist es Gefühl? oder ist's Mutwill?
Ihr ratet es nicht.

Viele duftende Glocken,
o Hyazinthe, bewegst du;
Aber die Glocken ziehn,
wie die Gerüche, nicht an.

Nachtviole, dich geht man am
blendenden Tage vorüber;
Doch bei der Nachtigall Schlag
hauchest du köstlichen Geist.

Tuberose, du ragest hervor und
ergetzest im Freien;
Aber bleibe vom Haupt, bleibe
vom Herzen mir fern!

Fern erblick ich den Mohn; er
glüht. Doch komm ich dir näher,
Ach, so seh ich zu bald, dass du die
Rose nur lügst.

Tulpen, ihr werdet gescholten von
sentimentalischen Kennern;
Aber ein lustiger Sinn wünscht
auch ein lustiges Blatt.

Nelken, wie find ich euch schön!
Doch alle gleicht ihr einander,
Unterscheidet euch kaum, und ich
entscheide mich nicht.

Prangt mit den Farben Aurorens,
Ranunkeln, Tulpen und Astern!
Hier ist ein dunkles Blatt, das euch
an Dufte beschämt.

Keine lockt mich, Ranunkeln, von
euch, und keine begehr ich;
Aber im Beete vermischt sieht
euch das Auge mit Lust.

Sagt! was füllet das Zimmer mit
Wohlgerüchen? Reseda,
Farblos, ohne Gestalt, stilles,
bescheidenes Kraut.

Zierde wärst du der Gärten; doch
wo du erscheinest, da sagst du
Ceres streute mich selbst aus mit
der goldenen Saat.

Deine liebliche Kleinheit, dein
holdes Auge, sie sagen
Immer: Vergiss mein nicht!
immer: Vergiss nur nicht mein!

Schwänden dem inneren Auge die
Bilder sämtlicher Blumen,
Eleonore, dein Bild brächte das
Herz sich hervor.

Lebens-
erinnerungen

So können uns Kräuter und Blumen der gemeinsten Art ein liebes Tagebuch bilden, weil nichts, was die Erinnerung eines glücklichen Moments zurückruft, unbedeutend sein kann; und noch jetzt würde es mir schwer fallen, manches dergleichen, was mir aus verschiedenen Epochen übrig geblieben, als wertlos zu vertilgen, weil es mich unmittelbar in jene Zeiten versetzt, deren ich mich zwar mit Wehmut, doch nicht ungern erinnere.

d
a
e
f

Die Natur als Buch

Die Natur ist doch das einzige Buch,
das auf allen Blättern großen Gehalt bietet.

Ein großer Teich war zugefroren …

Ein großer Teich war zugefroren,
Die Fröschlein, in der Tiefe verloren,
Durften nicht ferner quaken noch springen,
Versprachen sich aber im halben Traum,
Fänden sie nur da oben Raum,
Wie Nachtigallen wollten sie singen.
Der Tauwind kam, das Eis zerschmolz,
Nun ruderten sie und landeten stolz
Und saßen am Ufer weit und breit
Und quakten wie vor alter Zeit.

Goethe über das Glück

»Mit Botanik: gibst du dich ab?
mit Optik? Was tust du?
Ist es nicht schönrer Gewinn,
rühren ein zärtliches Herz?«
Ach, die zärtlichen Herzen! ein
Pfuscher vermag sie zu rühren;
Sei es mein einziges Glück,
dich zu berühren, Natur!

g
l
e
h
c
d
i
k

Das Veilchen

Ein Veilchen auf der Wiese stand
Gebückt in sich und unbekannt;
Es war ein herzigs Veilchen.
Da kam eine junge Schäferin,
Mit leichtem Schritt und munterm Sinn,
Daher, daher,
Die Wiese her, und sang.

Ach! denkt das Veilchen, wär ich nur
Die schönste Blume der Natur,
Ach, nur ein kleines Weilchen,
Bis mich das Liebchen abgepflückt
Und an dem Busen matt gedrückt!
Ach nur, ach nur
Ein Viertelstündchen lang!

Ach! aber ach! das Mädchen kam
Und nicht in acht das Veilchen nahm,
Ertrat das arme Veilchen.
Es sank und starb und freut' sich noch:
Und sterb ich denn, so sterb ich doch
Durch sie, durch sie,
Zu ihren Füßen doch.

Nun weiß man erst, was Rosenknospe sei …

Nun weiß man erst, was Rosenknospe sei,
Jetzt, da die Rosenzeit vorbei;
Ein Spätling noch am Stocke glänzt
Und ganz allein die Blumenwelt ergänzt.

Sag ich's euch, geliebte Bäume …

Sag ich's euch, geliebte Bäume,
Die ich ahndevoll gepflanzt,
Als die wunderbarsten Träume
Morgenrötlich mich umtanzt.
Ach, ihr wisst es, wie ich liebe,
Die so schön mich wiederliebt,
Die den reinsten meiner Triebe
Mir noch reiner wiedergibt.

Wachset wie aus meinem Herzen,
Treibet in die Luft hinein,
Denn ich grub viel Freud' und Schmerzen
Unter eure Wurzeln ein.
Bringet Schatten, traget Früchte,
Neue Freude jeden Tag;
Nur dass ich sie dichte, dichte,
Dicht bei ihr genießen mag!

Goethe als Rosenfreund

Ich bin ein Freund der Pflanze, ich liebe die Rose als das Vollkommenste, was unsere deutsche Natur als Blume gewähren kann; aber ich bin nicht Tor genug, um zu verlangen, dass mein Garten sie mir schon jetzt, Ende April, gewähren soll. Ich bin zufrieden, wenn ich jetzt die ersten grünen Blätter finde, zufrieden, wenn ich sehe, wie ein Blatt nach dem andern den Stängel von Woche zu Woche weiter bildet; ich freue mich, wenn ich im Mai die Knospe sehe, und bin glücklich, wenn endlich der Juni mir die Rose selbst in aller Pracht und in allem Duft entgegenreicht. Kann aber jemand die Zeit nicht erwarten, der wende sich an die Treibhäuser.

Frühling übers Jahr

Das Beet, schon lockert
Sich's in die Höh,
Da wanken Glöckchen
So weiß wie Schnee;
Safran entfaltet
Gewalt'ge Glut,
Smaragden keimt es
Und keimt wie Blut.

Primeln stolzieren
So naseweis,
Schalkhafte Veilchen,
Versteckt mit Fleiß;
Was auch noch alles
Da regt und webt,
Genug, der Frühling,
Er wirkt und lebt.

Doch was im Garten
Am reichsten blüht,
Das ist des Liebchens
Lieblich Gemüt.
Da glühen Blicke
Mir immerfort,
Erregend Liedchen,
Erheiternd Wort,

Ein immer offen,
Ein Blütenherz,
Im Ernste freundlich
Und rein im Scherz.
Wenn Ros und Lilie
Der Sommer bringt,
Er doch vergebens
Mit Liebchen ringt.

Der Musensohn

Durch Feld und Wald zu schweifen,
Mein Liedchen wegzupfeifen,
So geht's von Ort zu Ort!
Und nach dem Takte reget
Und nach dem Maß beweget
Sich alles an mir fort.

Ich kann sie kaum erwarten,
Die erste Blum im Garten,
Die erste Blüt am Baum.
Sie grüßen meine Lieder,
Und kommt der Winter wieder,
Sing ich noch jenen Traum.

Ich sing ihn in der Weite,
Auf Eises Läng und Breite,
Da blüht der Winter schön!
Auch diese Blüte schwindet,
Und neue Freude findet
Sich auf bebauten Höhn.

Denn wie ich bei der Linde
Das junge Völkchen finde,
Sogleich erreg ich sie.
Der stumpfe Bursche bläht sich,
Das steife Mädchen dreht sich
Nach meiner Melodie.

Ihr gebt den Sohlen Flügel
Und treibt durch Tal und Hügel
Den Liebling weit von Haus.
Ihr lieben, holden Musen,
Wann ruh ich ihr am Busen
Auch endlich wieder aus?

Ein zärtlich jugendlicher Kummer ...

Ein zärtlich jugendlicher Kummer / Führt mich ins öde Feld; es liegt / In einem stillen Morgenschlummer / Die Mutter Erde. Rauschend wiegt / Ein kalter Wind die starren Äste. Schauernd / Tönt er die Melodie zu meinem Lied voll Schmerz, / Und die Natur ist ängstlich still und trauernd, / Doch hoffnungsvoller als mein Herz. / Denn sieh, bald gaukelt dir, mit Rosenkränzen / In runder Hand, du Sonnengott, das Zwillingspaar / Mit offnem blauen Aug, mit krausem goldnen Haar / In deiner Laufbahn dir entgegen. Und zu Tänzen / Auf neuen Wiesen schickt / Der Jüngling sich und schmückt / Den Hut mit Bändern, und das Mädchen pflückt / Die Veilchen aus dem jungen Gras, und bückend sieht / Sie heimlich nach dem Busen, sieht mit Seelenfreude / Entfalteter und reizender ihn heute, / Als er vorm Jahr am Maienfest geblüht, / Und fühlt und hofft. / Gott segne mir den Mann / In seinem Garten dort! Wie zeitig fängt er an, / Ein lockres Bett dem Samen zu bereiten! / Kaum riss der März das Schneegewand / Dem Winter von den hagern Seiten, / Der stürmend floh und hinter sich aufs Land / Den Nebelschleier warf, der Fluss und Au / Und Berg in kaltes Grau / Versteckt, da geht er ohne Säumen, / Die Seele voll von Ernteträumen, / Und sät und hofft.

Der Schmetterling

In des Papillons Gestalt
Flattr' ich, nach den letzten Zügen,
Zu den vielgeliebten Stellen,
Zeugen himmlischer Vergnügen,
Über Wiesen, an die Quellen,
Um den Hügel, durch den Wald.

Ich belausch ein zärtlich Paar;
Von des schönen Mädchens Haupte
Aus den Kränzen schau ich nieder;
Alles, was der Tod mir raubte,
Seh ich hier im Bilde wieder,
Bin so glücklich, wie ich war.

Sie umarmt ihn lächelnd stumm,
Und sein Mund genießt der Stunde,
Die ihm güt'ge Götter senden,
Hüpft vom Busen zu dem Munde,
Von dem Munde zu den Händen,
Und ich hüpf um ihn herum.

Und sie sieht mich Schmetterling.
Zitternd vor des Freunds Verlangen
Springt sie auf, da flieg ich ferne.
»Liebster, komm, ihn einzufangen!
Komm! ich hätt es gar zu gerne,
Gern das kleine bunte Ding.«

Die Meta-morphose der Pflanzen

Dich verwirret, Geliebte, die tausendfältige Mischung
Dieses Blumengewühls über dem Garten umher;
Viele Namen hörest du an, und immer verdränget
Mit barbarischem Klang einer den andern im Ohr.
Alle Gestalten sind ähnlich, und keine gleichet der andern,
Und so deutet das Chor auf ein geheimes Gesetz,
Auf ein heiliges Rätsel. O könnt ich dir, liebliche Freundin,
Überliefern sogleich glücklich das lösende Wort!
Werdend betrachte sie nun, wie nach und nach sich die Pflanze,
Stufenweise geführt, bildet zu Blüten und Frucht.
Aus dem Samen entwickelt sie sich, sobald ihn der Erde
Stille befruchtender Schoß hold in das Leben entlässt
Und dem Reize des Lichts, des heiligen, ewig bewegten,
Gleich den zärtesten Bau keimender Blätter empfiehlt.
Einfach schlief in dem Samen die Kraft; ein beginnendes Vorbild
Lag, verschlossen in sich, unter die Hülle gebeugt,
Blatt und Wurzel und Keim, nur halb geformet und farblos;
Trocken erhält so der Kern ruhiges Leben bewahrt,
Quillet strebend empor, sich milder Feuchte vertrauend,
Und erhebt sich sogleich aus der umgebenden Nacht.

Aber einfach bleibt die Gestalt der ersten Erscheinung;
Und so bezeichnet sich auch unter den Pflanzen das Kind.
Gleich darauf ein folgender Trieb, sich erhebend, erneuet,
Knoten auf Knoten getürmt, immer das erste Gebild.
Zwar nicht immer das gleiche; denn mannigfaltig erzeugt sich,
Ausgebildet, du siehst's, immer das folgende Blatt,
Ausgedehnter, gekerbter, getrennter in Spitzen und Teile,
Die verwachsen vorher ruhten im untern Organ.
Und so erreicht es zuerst die höchst bestimmte Vollendung,
Die bei manchem Geschlecht dich zum Erstaunen bewegt. [...]

Amor als Landschafts-maler

[...] Ach, da standen Blumen an dem Flusse,
Und da waren Farben auf der Wiese,
Gold und Schmelz und Purpur und ein Grünes,
Alles wie Smaragd und wie Karfunkel!
Hell und rein lasiert' er drauf den Himmel
Und die blauen Berge fern und ferner,
Dass ich ganz entzückt und neu geboren
Bald den Maler, bald das Bild beschaute. [...]

Herbstgefühl

Fetter grüne, du Laub,
Am Rebengeländer
Hier mein Fenster herauf!
Gedrängter quellet,
Zwillingsbeeren, und reifet
Schneller und glänzend voller!
Euch brütet der Mutter Sonne
Scheideblick; euch umsäuselt
Des holden Himmels
Fruchtende Fülle;
Euch kühlet des Mondes
Freundlicher Zauberhauch,
Und euch betauen, ach!
Aus diesen Augen
Der ewig belebenden Liebe
Vollschwellende Tränen.

Efeu und ein zärtlich Gemüt

Efeu und ein zärtlich Gemüt
Heftet sich an und grünt und blüht.
Kann es weder Stamm noch Mauer finden,
Es muss verdorren, es muss verschwinden.

b
a
c
g

Blumen sehet ruhig sprießen …

Blumen sehet ruhig sprießen,
Reizend euer Haupt umzieren;
Früchte wollen nicht verführen,
Kostend mag man sie genießen.

Bieten bräunliche Gesichter
Kirschen, Pfirschen, Königspflaumen,
Kauft! denn gegen Zung' und Gaumen
Hält sich Auge schlecht als Richter.

Kommt, von allerreifsten Früchten
Mit Geschmack und Lust zu speisen!
Über Rosen lässt sich dichten,
In die Äpfel muss man beißen.

Gefunden

Ich ging im Walde
So für mich hin,
Und nichts zu suchen,
Das war mein Sinn.

Im Schatten sah ich
Ein Blümchen stehn,
Wie Sterne leuchtend,
Wie Äuglein schön.

Ich wollt es brechen,
Da sagt' es fein:
»Soll ich zum Welken
Gebrochen sein?«

Ich grub's mit allen
Den Würzlein aus,
Zum Garten trug ich's
Am hübschen Haus.

Und pflanzt es wieder
Am stillen Ort;
Nun zweigt es immer
Und blüht so fort.

d
g
e
h
i

Mai

Leichte Silberwolken schweben
Durch die erst erwärmten Lüfte,
Mild, von Schimmer sanft umgeben,
Blickt die Sonne durch die Düfte;
Leise wallt und drängt die Welle
Sich am reichen Ufer hin,
Und wie reingewaschen helle,
Schwankend hin und her und hin,
Spiegelt sich das junge Grün.

BILDNACHWEIS:

akg-images: Titelei (Stahlstich zu Goethes »Italienische Reise« von Friedrich Weber nach einer Zeichnung von Ludwig von Maydell); Finken & Bumiller, Stuttgart: 5, 37; fotolia: 6 (© Ségolène Roze), 8 (© makuba), 11 (© jean luc bohin), 16 (© romaneau), 19 (© photolens), 24 (© irina2005), 31 (© Feng Yu), 38 (Tony Hofmann), 43 (© Patrizia Tilly), 47 (© Lijuan Guo), 53 (© thierry burot), 54 (© SamSpiro), 62 (© Udo Kroener); photocase: 12 (© evali), 15 (© bielunde), 28 (© blindguard), 57 (© lugat); pixelio: 34 (© Katja Mann); Württembergische Landesbibliothek: 20, 23, 27, 33, 45, 48, 58, 61 (Weinmann, Eigentliche Darstellung ..., 1735), 51 (Ferenztöl, Die Rose, 1872), 41 (Siebold, Flora Japonica), Umschlagillustration (Georg Ehret).

Der Verlag dankt allen Rechteinhabern für die freundliche Genehmigung zum Nachdruck. Besonderer Dank gilt Herrn Dr. Zwink, dem Leiter der Abteilung Alte und Wertvolle Drucke der Württembergischen Landesbibliothek Stuttgart, für seine fachkundige Unterstützung.

TEXTE:

Die Texte sind folgenden Werken Goethes entnommen: Gedichte. Nachlese: 4, 36, 39, 46, 49; West-östlicher Divan: 7, 9, 21; Gedichte. Ausgabe letzter Hand 1827: 10, 13, 14, 18, 22, 30, 32, 35, 42, 44, 50, 52, 55, 56, 60, 63; Die Wahlverwandtschaften: 17; Aus meinem Leben. Dichtung und Wahrheit: 26; Italienische Reise: 29; Faust. Eine Tragödie: 59.
Sowie außerdem dem Werk: Johann Peter Eckermann, Gespräche mit Goethe: 40 (Goethe zu Johann Peter Eckermann, 27. April 1825).

www.thorbecke.de
info@thorbecke.de

Dieses Buch ist aus alterungsbeständigem Papier nach DIN-ISO 9706 hergestellt.
Gestaltung: Finken & Bumiller, Saskia Bannasch, Stuttgart
Gesamtherstellung: Jan Thorbecke Verlag, Ostfildern
Printed in Germany
ISBN 978-3-7995-0278-8